Rusalka Reh

Henri und Pong-Pong

Rusalka Reh

Henri und Pong-Pong

Mit Bildern von Petra Lefin

Hase und Igel®

Für Lehrkräfte gibt es zu diesem Buch
ausführliches Begleitmaterial beim Hase und Igel Verlag.

FSC
www.fsc.org
MIX
Papier aus verantwortungsvollen Quellen
FSC® C043106

Sonderausgabe mit Silbenhilfe

www.hase-und-igel.de
Lektorat: Mira Fischer
Druck: Grafisches Centrum Cuno GmbH und Co. KG

ISBN 978-3-86316-015-9
2. Auflage 2020

Im Sommer fährt Henri
zu seiner Oma.
Sie hat ein Haus am Waldrand.
Oma lässt gern
die Fenster offen.
„Dann können wir gut atmen“,
sagt sie.
„Das Haus, du und ich.“

Eines Tages will Oma
einer Nachbarin helfen.
Henri bleibt allein zu Hause.
Da passiert die Sache
mit Pong-Pong.

Das ist Henri.
Seine Oma ist gerade
ins Haus nebenan gegangen.
Henri spielt im Garten Fußball.
Wie Ronaldo kickt er heute.
Linker Fuß, rechter Fuß,
Kopfball, Schuss!
Puh! Auf einmal hat er Durst.
Er geht ins Haus.

Plötzlich hört Henri
ein wildes Flattern.
Huch! Was ist denn das?
Jetzt macht es laut: PONG!
Und noch mal: PONG!
Das war bestimmt
kein Schmetterling!
Und sicher auch kein Fußball.
Langsam geht Henri
zum Fenster im Wohnzimmer.
Von dort kam nämlich
das Geräusch.

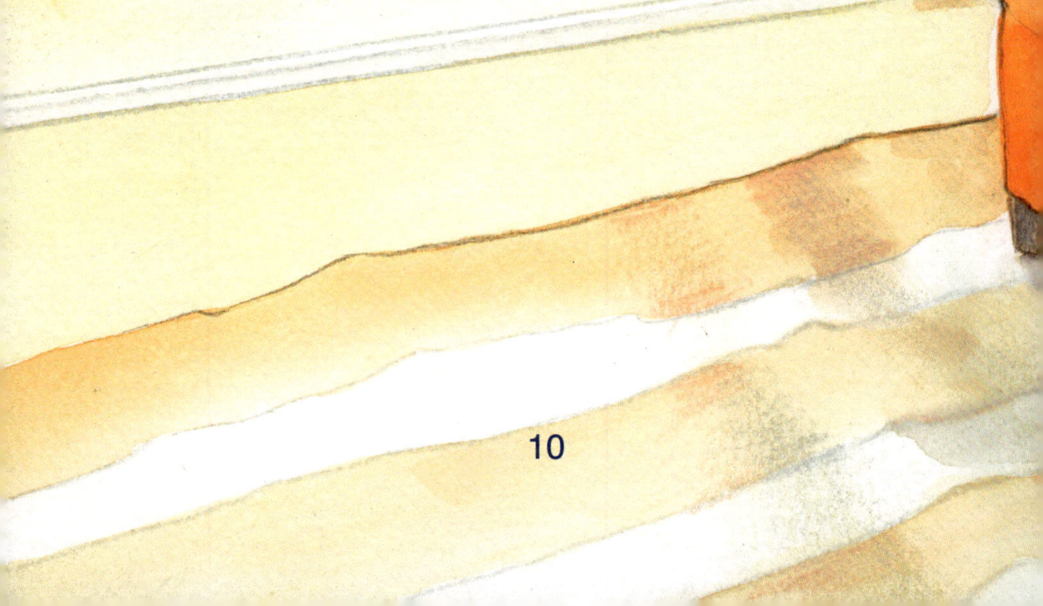

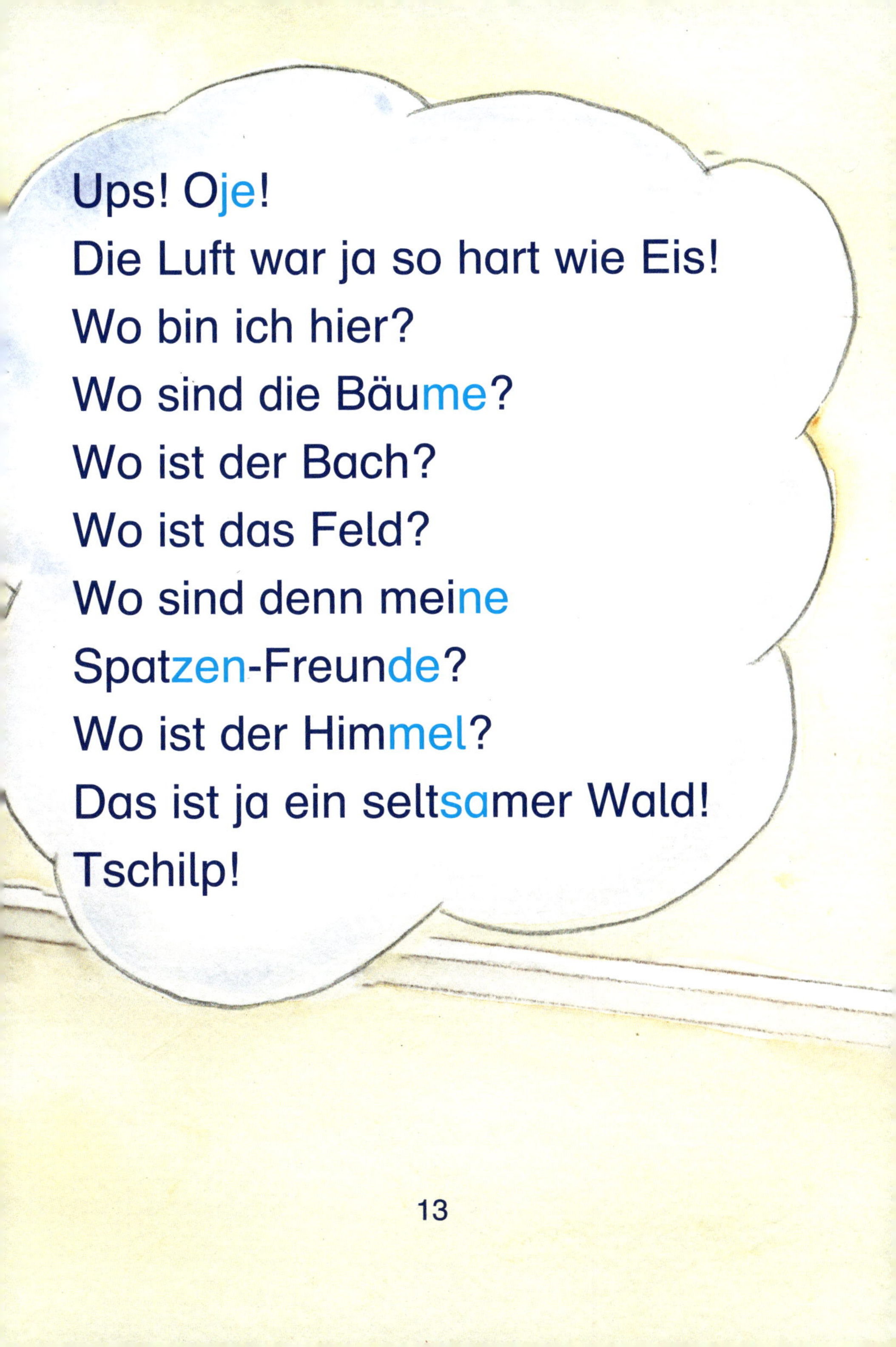

Ups! Oje!
Die Luft war ja so hart wie Eis!
Wo bin ich hier?
Wo sind die Bäume?
Wo ist der Bach?
Wo ist das Feld?
Wo sind denn meine
Spatzen-Freunde?
Wo ist der Himmel?
Das ist ja ein seltsamer Wald!
Tschilp!

Gaaanz laaangsaaam
schleicht Henri
um den Sessel herum.
Dahinter leuchtet hell
das große Fenster.
Oma hat heute vergessen,
es aufzumachen.
Er spiegelt sich in der Scheibe.
Sein Herz klopft.
Er schaut auf den Fußboden.
Dort sitzt ein kleiner Vogel.
Er hat hellbraune und
dunkelbraune Federn.
Ein Spatz!

Ich höre etwas.
Es schleicht.
Es rückt näher und näher.
Da kommt es um die Ecke.
Es ist ein Riese!
Auweia!
Tschilp, tschilp!
Hilfe!

„Hallo! Hast du dir wehgetan?“,
fragt Henri leise.
Langsam geht er in die Hocke.
Der Spatz sitzt still und stumm.

„Ich bin Henri.
Weißt du was?
Ich nenne dich Pong-Pong.
Der Name passt zu dir.“

Pong-Pong hat Augen
wie schwarze Mini-Knöpfe.
Er legt den Kopf schief
und sieht Henri knopfig an.
Wie niedlich
der Spatz ist!

Plötzlich hebt er die Flügel
und flattert.
Und fliegt los!
„Hey! Wo willst du denn hin?“,
ruft Henri.
„Hab doch keine Angst!
Ich tu dir nichts!“

Der Riese spricht.
Ich verstehe ihn nicht.
Dieser Wald ist sooo seltsam.
Ich habe Durst.
Wo ist der Bach?
Ich muss ihn suchen.

Ich muss Pong-Pong einfangen
und ihn nach draußen bringen.
Sonst donnert er vielleicht
wieder gegen etwas!,
denkt Henri.
Er schaut sich um,
aber Pong-Pong ist nicht zu sehen.
Wo hat er sich versteckt?

Ist das ein Wasserfall?
Der sieht seltsam aus.
Plitsch, plitsch, platsch.
Ich hole mir einen Tropfen.
Schnapp!
Und noch einen.
Njam, njam!

Der Wasserhahn tropft.
Henri will ihn schnell zudrehen.
Ups, da sitzt ja Pong-Pong
mitten im Spülbecken!
Mit dem Schnabel
schnappt er nach den Tropfen.
Das sieht lustig aus!
Ob er baden möchte?
Oma sagt,
die Vögel baden
im Sommer gern.
„Warte, Pong-Pong,
ich lasse mehr Wasser laufen“,
sagt Henri freundlich.

Der Riese ist wieder da!
Er spricht.
Er hört sich nett an.
Ich glaube,
ich muss keine Angst
vor ihm haben.
Bestimmt ist er König hier.

Henri bewegt sich
so vorsichtig wie möglich.
Pong-Pong soll sich
nicht erschrecken.
Der kleine Spatz
bleibt ruhig
im Spülbecken sitzen.
Er beobachtet Henri genau.
Der dreht den Wasserhahn
ein winziges bisschen auf.
Pong-Pong zuckt zusammen,
aber nicht allzu sehr.

„Schau mal,
jetzt kannst du baden“,
sagt Henri.

Der Riese ist riesig,
aber sehr freundlich.
Er kann zaubern!
Der Wasserfall fließt
und fließt.
Baden macht Spaß!
Tschilp!

Pong-Pong flattert mit den Flügeln
und spritzt alles um sich herum nass.
Iiiiiiiiiih! Henri lacht,
weil er auch etwas abbekommt.

Er kichert und ruft:
„Hör auf, Pong-Pong!
Du badest ja die ganze Küche!“
In dem Moment
flattert Pong-Pong
aus dem Spülbecken.
Laut zwitschert er.
„Wo willst du denn jetzt
schon wieder hin?“,
fragt Henri.

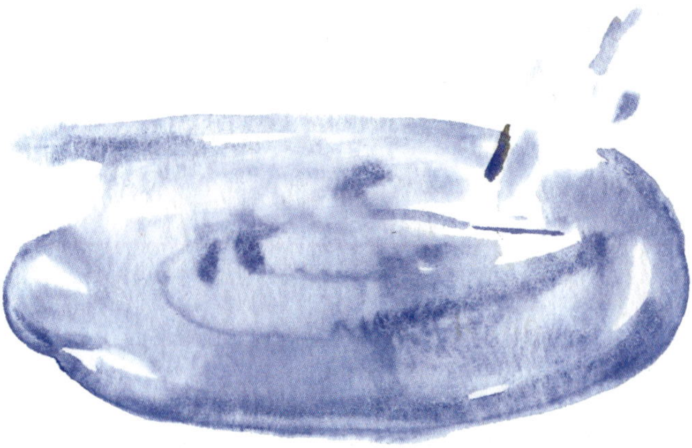

Der Riese spricht.
Ich verstehe ihn nicht,
aber er ist lieb zu mir.
Ich habe Hunger.
Wo ist denn hier das Kornfeld?
Ich fliege los.
Hoffentlich finde ich Futter.

Henri schaut sich
in der Küche um.
Er dreht sich
einmal um sich selbst,
wie ein Kreisel.
Er wollte Pong-Pong
doch einfangen,
aber jetzt ist der kleine Spatz
schon wieder weg.
„Pong-Pong! Wo bist du?“,
ruft Henri leise.

Das Kornfeld ist aber klein!
Pick! Pick!
Njam, njam!

Die Körner schmecken gut,
aber anders als
auf meinem Feld.
Tschilp!

Henri sieht,
dass Oma den Brotkorb
noch nicht weggeräumt hat.
Das will er schnell machen.
Ups! Pong-Pong sitzt
auf den Brötchen!
Er hüpft hin und her
und pickt.

Ob er gern Nüsse isst?
Oma sagt,
Vögel mögen Nüsse.
„Warte, Pong-Pong,
ich gebe dir etwas Leckeres“,
sagt Henri.
Er nimmt eine Nuss aus einer Tüte
und legt sie neben den Brotkorb.

Ich mag den Riesen.
Er spricht freundlich zu mir.
Er ist ein König.
Und er kann zaubern.
Was hat er dort hingezaubert?
Eine Nuss!
Die mag ich!
Der Riese ist mein Freund.
Tschilp, tschilp, tschilp!

Henri muss lachen,
weil Pong-Pong so laut zwitschert.
„Freust du dich?“,
fragt er den kleinen Vogel.
„Siehst du, wir sind Freunde.“

Pong-Pong
pickt die Nuss
in Windeseile auf.
Dann fliegt er los.
Er dreht eine Runde
durch die Küche
und flattert hinaus
in den Flur.

Henri flitzt ihm hinterher.
Pong-Pong dreht jetzt eine Runde
durch das Wohnzimmer.
„Wo willst du denn hin?“,
wundert sich Henri
und bleibt stehen.
Plötzlich landet Pong-Pong
auf seiner Schulter.
Huch!
Henri erschrickt ein bisschen.

Ich suche meine Freunde
in diesem seltsamen Wald.
Aber ich finde keinen einzigen
weit und breit.
Wo sind sie nur alle?
Ach! Ich habe doch
einen Freund!
Den Riesen, den König,
den Zauberer!

Stocksteif bleibt Henri stehen.
Kaum wagt er zu atmen.
Pong-Pong zwitschert leise,
direkt neben Henris Ohr.
Das klingt wie ein Mini-Konzert.
Nach einer kleinen Weile
atmet Henri wieder,
denn niemand kann ewig
die Luft anhalten.
Dann freut er sich!
Pong-Pong hat keine Angst mehr!
Er traut sich auf seine Schulter.
Er vertraut ihm.

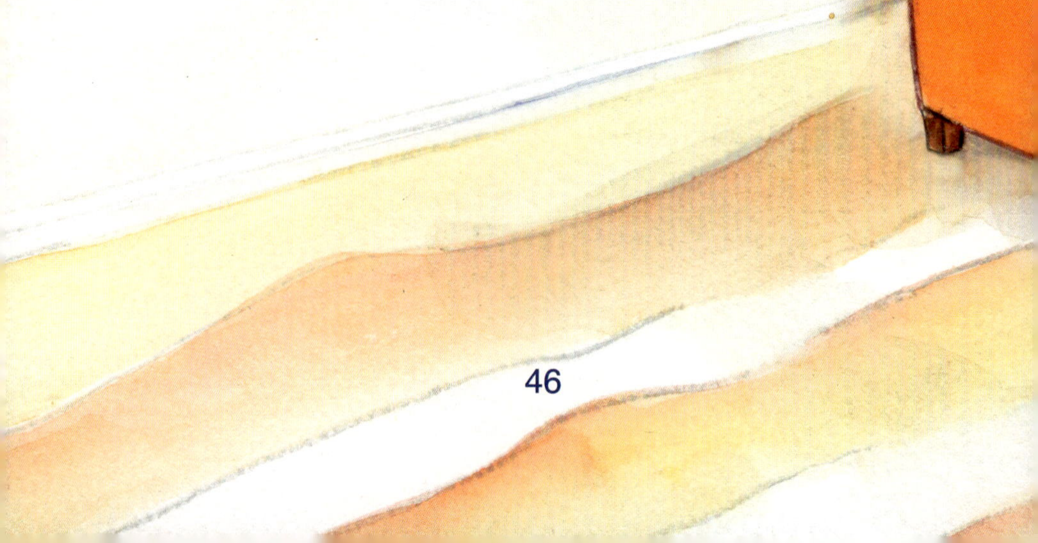

Von hier oben
kann ich alles
gut sehen.
Das ist ein
schöner Platz.
Ich halte Ausschau.
Wo ist der Himmel?
Dorthinein will ich
jetzt fliegen.

Gaaanz laaangsaaam
macht Henri
mit Pong-Pong auf der Schulter
einen Schritt vorwärts.
Der kleine Spatz bleibt ruhig.
Henri macht noch einen Schritt.
Pong-Pong tschilpt.

„Bleib sitzen, Pong-Pong.
Ich bringe dich raus, ja?“
Der kleine Spatz lauscht.
„Du willst doch
in den Himmel fliegen, oder?“,
flüstert Henri.
„Den gibt es nur draußen.“
Jetzt ist er fast
an der offenen Tür
zum Garten angelangt.

Wo ist bloß der Himmel?
Ich muss ihn suchen.

„Nein, bleib hier!“, ruft Henri.
Er streckt seinen Arm weit aus.
„Komm, Pong-Pong, komm“,
lockt Henri seinen Freund.

Komisch,
hier ist gar kein Himmel.
Immer stoße ich mir den Kopf.
Dieser Wald ist sooo seltsam.
Aber mein Freund, der Riese,
ist ein Zauberer.
Ob er mir hilft?

Pong-Pong setzt sich
auf Henris Hand.
„Da bist du ja wieder“,
sagt Henri.
„Komm mit.“
Pong-Pong tschilpt.
Das heißt bestimmt „Ja“,
denkt Henri.

Mit Pong-Pong
auf der Hand
geht er in den Garten.

Draußen weht der Wind.
Die Blätter in den Bäumen
singen das Blätterlied.
Der Himmel ist so blau wie nie.

Mein Riese kann zaubern.
Ich wusste es ganz sicher.
Da sind meine Bäume.
Dort hinten ist mein Bach.
Daneben liegt mein Feld.
Und oben ist mein Himmel!

Plötzlich hört Henri
ein großes Tschilp-Konzert!
Viele, viele Spatzen
kommen angeflogen.
Sie setzen sich
in die Bäume und Sträucher
im Garten.

„Ich glaube, deine Freunde sind da“,
sagt Henri und lacht.
„Besuchst du mich einmal wieder?“,
fragt er.
Pong-Pong sieht ihn
ungeheuer knopfig an
und legt den Kopf schief.
Dann fliegt er davon.
All seine Freunde fliegen mit.

Auf Wiedersehen,
lieber Riese!
Du bist mein Freund.
Ich komm dich bald besuchen.
Tschilp, tschilp, tschilp!

Henri winkt
und sieht Pong-Pong nach.
Dann spielt er wieder
Fußball im Garten.
Wie Ronaldo kickt er heute.
Linker Fuß, rechter Fuß,
Kopfball, Schuss!

„Hallo, Spatz“, sagt Oma.
„Hast du schön gespielt?“
„Und wie!“, sagt Henri.
Dann erzählt er Oma
die Geschichte von Pong-Pong.

„Du hast es gut“, sagt Oma.
„Den kleinen Spatzen hätte ich
auch gern kennengelernt.“

Plötzlich flattert etwas heran
und landet auf Henris Schulter.